Stop Lying to Yourself

Stop Lying to Yourself

把日子
過得更清醒的
101個提示

別再騙自己

Stop
Lying to
Yourself

101 Hard Truths to
Help You
Change Your Life

西蒙・吉勒姆
Simon Gilham ／著　　Happieslin ／繪

suncolor
三采文化

獻給所有心想
「他是不是在講我」的人
沒錯，這本書就是為你們而寫

前言

首先,感謝你翻開這本書。英文書名《*Stop Lying to Yourself*》(別再騙自己)看似冷酷,但我想,既然你正在閱讀這段文字,那你一定已經意識到自己想要改變了。也許你正在尋找動力和決心,來啟動改變的過程,然後想辦法堅持下去。活出最真實的自己並不容易,光是拿起這本書、站在起跑點上,就已經值得你感到自豪。

本書將直言不諱地指出你需要面對的現實,就像你最真誠的摯友,全心為你著想。它會幫助你誠實自省,看清過去的錯誤,意識到這些錯誤如何

違背你所希望創造的幸福和生活願景，最後帶你打破循環、拋開藉口。同時，它也會成為你的動力來源，助你戰勝那些鼓吹你放棄的心理阻礙。

《別再騙自己》誕生於新冠疫情之初，當時，我被迫面臨與預想截然不同的現實，一種我從未想像過、也極力避免的生活。每個人都一樣，難以理解和應對周遭發生的事情。我們過著制式的生活，不知道這樣的日子還要持續多久，總是感到困惑、悲傷，還有無助。

隨著時間推移，我發現孤立和恐懼不僅衝擊我自己，也影響了我的孩子、家人、朋友和同事。同時，我也發現，心理健康逐漸成為備受討論的議題，而這本來更像是某種難以啟齒的禁忌。

我開始反思自己的感受，深入挖掘更快樂的回憶，藉此保持專注和堅強。這段「再發現」之旅

促使我翻閱舊照片、重聽以前喜歡的音樂、再看一次人生電影。我在書中分享了一些當時幫助到我的金句,記錄這段旅程。

本書收錄的語句和「殘酷真相」,大部分是我自己的體悟,也有一些是我在那段時間裡偶然聽見的引言,難以考證實際出處。總之,我希望它們能陪伴你度過難關。相似的經歷會產生共鳴、激發出力量,幫助你在這段個人旅程繼續走下去。

透過書寫,我得以深入探索這些語錄的實踐方式,獲得更進一步的洞察。我幫助大眾建立觀點,透過連結、社群與分享,提供一種「不孤單」的感覺,讓人們意識到自己不是唯一一個經歷這些情緒或情況的人,從而獲得集體的力量。

本書是所有人共同經歷的情感合輯,沒有特定的閱讀順序。你可以從頭讀到尾,也可以隨意翻

閱、想看哪就看哪。總之，希望它能讓你的生活稍微變好一點，就算只是一瞬間，那我做的一切也就值得了。

由衷感謝在這段旅程中支持我、共同組建美好社群的人。

我很想知道大家的想法。可以的話，請在社群上發布你喜歡的頁面、語句或相關經歷，並搭配 #SimonGilhamBook 標籤，這樣我才能按讚，然後轉發到自己的頁面。

願大家一切都好。

xGilham

001

生活總會以不同的面貌帶來相同的課題,
直到你真正學到教訓為止。

Life has a way of presenting you with the same lessons,
disguised as different people until you grasp the message.

我們都曾經歷這個過程：生命中的課題以不同的面貌反覆出現，直到你意識到自己終究無法逃避某個問題。在你真正學到教訓並做出改變之前，這些問題會以不同的形式一再重演。舉例來說，如果你沒有從某一次的心碎中學到教訓，那麼在下一段關係裡，你可能還是會因為不同的人而受一樣的傷。

我們可以練習自我覺察、尋求對自己更深的理解，藉此打破循環，擁抱成長。在這趟旅程中，寬恕、耐心和微小的進步都很重要。記住，生命的課題並不是為了打擊你，而是要讓你更強大。以勇氣、好奇心和進步的意願去面對這些體驗，你就能一步步走向更充實的人生。

002

**如果你不確定是否要讓某個人留在你的生命裡，
下次和他在一起時，想想這個問題：
你喜歡在他面前的自己嗎？**

*If you don't know if someone is the right person to have in your
life, the next time you're with them ask yourself this question:
do you love who you are when you're with them?*

要判斷某個人適不適合自己,就想想你和他相處時有什麼感覺。你是否感到快樂、被尊重,而且能忠於自我?還是你覺得焦慮、不安,表現得不像自己?對的人會讓你感到自在、充滿自信。他們會激發出你最好的一面,並給予支持。

一段健康的關係應該要豐富你的生活,而非降低你的自我價值感。

003

**生命的意義取決於你的選擇。
如果你覺得人生毫無意義，
那你只能怪自己。**

You give your life meaning based on the choices you make. If you feel life is meaningless, the only person to blame is yourself.

你做的所有選擇，形塑了生命的意義。如果你覺得生活空虛無趣，請利用這個機會審視你的選擇和心態。並不是要你責怪自己，而是勇於掌控生命這段旅程。你的每一個選擇，都會為生活注入深度、目標與快樂。

重新檢視你的決策，探索滿足的道路，親手打造有意義的人生。

004

**對那些連愛你都嫌不夠的人來說,
你永遠不會「太超過」。**

*You'll never be too much for somebody
who simply can't get enough of you.*

如果你覺得自己難以被愛,記住,不是你的問題,也許你只是找錯人了。對的人會欣賞你的所有面貌,不會讓你覺得自己「太超過」或「難以忍受」。他們會渴望了解並珍惜你的一切。

擁抱你獨有的特質,因為在那些真心愛你、在乎你的人眼中,你的存在無比珍貴。

005

就算你選擇沉默,
真正在乎你的人一樣能聽見你的聲音。

When you're quiet, you're heard only by those who genuinely care about you.

人們經常對別人的痛苦充耳不聞,但真正在乎你的人總是能夠注意到細微的變化。他們會察覺到你高興時眼裡閃爍的光,或是情緒低落時垂下的肩膀。無聲的理解,是真正在乎你的人所擁有的魔法。

\#

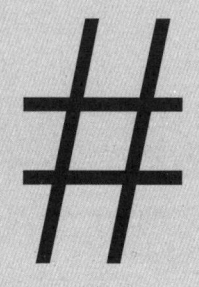

無聲的理解,
是真正在乎你的人所擁有的魔法。

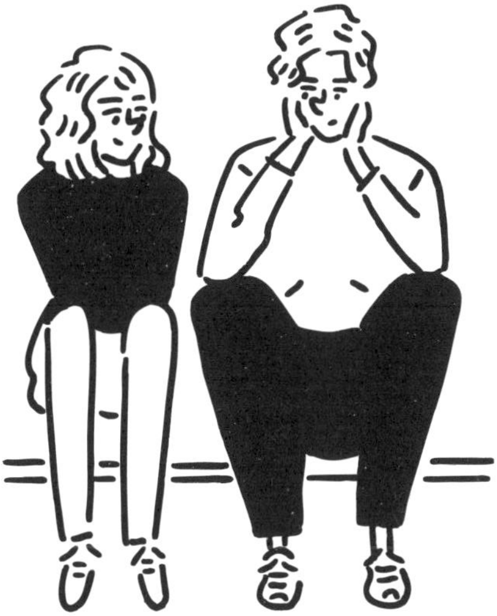

006

世上不存在「完美伴侶」。
去尋找一個擁有你欣賞的特質、
價值觀契合的人,
然後一起打造屬於你們的理想關係。

There is no such thing as a perfect partner. Concentrate on finding someone who has any of the qualities you like and has similar values, and work on building a fantastic relationship.

007

永遠不要愛上一個人兩次。
因為第二次,
你愛上的是回憶,而不是那個人。

Never fall in love with the same person twice, because the second time, you fall in love with the memories, not the person.

008

你走進他們的生命,教會他們什麼是真愛;
而他們走進你的生命,讓你明白愛自己的意義。

*You came into their life to show them the meaning of true love,
but they came into your life to show you the meaning of self-love.*

有些人走進我們的生命，是為了讓我們學會某些原本無法領悟的重要課題。過程可能令人疲憊，但他們讓你看見了自愛的力量。自愛，是一段耗費時間和大量努力的旅程，而我們最終將學會珍惜自己、尊重自己的需求，並照顧好自己。唯有真正愛自己，我們才能在未來建立健康的關係。

如果某個人讓你意識到自愛的重要性，別忘了謝謝他，因為他的出現，促使你設下更高的人際關係標準，不會再輕易接受那些無法滿足你需求的人。

\#

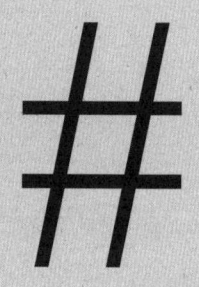

他的出現促使你設下更高的人際關係標準，
不會再輕易接受那些無法滿足你需求的人。

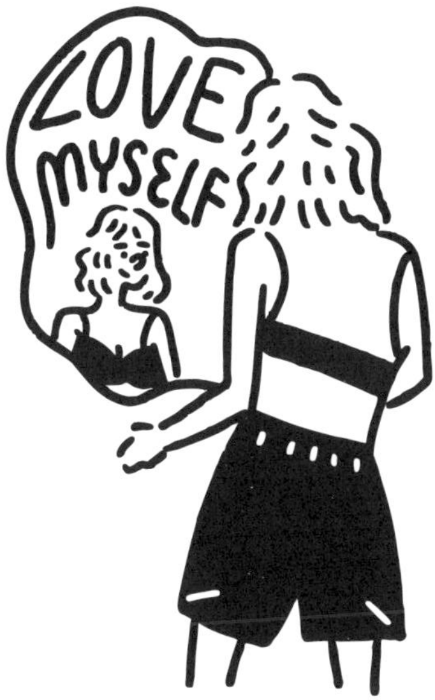
LOVE
MYSELF

009

**我們沒空感到快樂，
是因為一直忙著假裝堅強。**

*Some of us never found time to be happy
because we were too busy trying to be strong.*

你假裝沒事，微笑的背後卻藏著無數淚水和傷痛。這樣的日子總有一天會讓你筋疲力盡。是時候把注意力放回自己身上了，別再一味為別人付出。立刻行動，今天就開始追尋幸福和平靜！

010

**最令人糾結的情況是：
你們之間存在某種情感連結，
但彼此既不是戀人，又不只是朋友。**

The most confusing place a person can be is when you know there's a connection with someone, but you aren't officially together. But you're not just friends either.

明明有愛,卻沒有關係,這種狀態會讓人非常混亂。這是友誼與愛情之間的灰色地帶,往往伴隨模糊的信號和不確定性。這種曖昧狀態可能帶來複雜的情緒,因為你不確定自己在對方心目中的位置,也不知道該不該抱有期待。此時,溝通很重要。坦率表達自己的感受和期待,才能幫助彼此釐清方向,無論是要進入更深層的關係,還是繼續當朋友。擁有清晰而透明的人際關係,是情緒穩定的基石。

011

**生活就是一場場遊戲。
選擇你想玩的那一局，了解規則，
然後找出致勝之道。**

*Life is made up of games: select the game you wish to play,
learn the rules and work out how to succeed.*

生活就像一份大型遊戲選單,最重要的是選擇你有共鳴的領域,無論是職業、人際關係,還是個人興趣。目前對你來說,最重要的是什麼?做出選擇之後,就該投入時間去了解其中的「規則」,也就是這些領域的運作模式與成功之道。成功,來自於策略性地投入,並在過程中學習和適應。

關鍵不僅在於選對遊戲,還有你願不願意好好玩完這一局。

\#

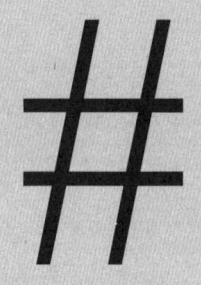

生活就像一份大型遊戲選單，
關鍵不僅在於選對遊戲，
還有你願不願意好好玩完這一局。

012

想太多的人,也總是愛太多。

Someone who overthinks, over-loves.

一個「想太多、愛太多」的人，對待感情的方式深刻而熱烈，往往會為所愛之人傾注大量心思和情感。這種情感深度可能會帶來深入的連結和有意義的經歷，但也可能伴隨脆弱與焦慮。在細膩思考與放下不必要的擔憂之間找到平衡、擁抱自我憐憫、與所愛之人開誠布公地溝通，並設定健康的界限，有助於管理愛和思緒的密度。

深愛他人的能力，是一種美好的特質。當你具備自我意識、懂得善待自己，這個特質將使你的人際關係變得更加堅固、有意義。

013

今天不容易,明天更難,
但後天會很精彩。

Today is not easy, tomorrow is more difficult.
But the day after tomorrow will be wonderful.

養成韌性，也別忘了保持樂觀。生活充滿挑戰的時候，記得，困境是暫時的。專注於制定策略、克服眼前的困難，因為它們將引你走向更光明的未來。努力培養耐心、韌性及正向思維。勇敢面對今日的挑戰，你不僅在為明天做準備，也是替未來的美好日子奠定基礎。懷抱樂觀與決心，繼續前行吧。

014

最好的朋友是什麼樣子？
即使你笑著面對全世界，
他也能看見你內心的真實與痛苦。

What is a best friend? It's someone who can see the truth and pain in you, even when you're fooling everyone else.

摯友，是擁有敏銳洞察力的獨特存在。就算你對全世界偽裝，摯友也能看穿並理解你真實的情感與掙扎。這種友誼的深度與直覺性的理解，使它與眾不同。最好的朋友，不僅共享你的歡笑與成就，更能在你孤單脆弱時，看穿你內心的痛楚，給予支持和陪伴。

015

他之所以一直覺得自己有問題,
太難被愛、太難相處,
是因為這就是他所知的一切。

What you don't realise is that she's always felt like she's the problem. Her entire life, she's thought that she's too hard to love or too much to deal with. That's all she's ever known!

如果你發現，某個人老是認為問題出在自己身上，那是因為他長期以來都在自我懷疑，覺得自己不值得被愛。你可以持續提供支持和保證，幫助他認識自己的價值，讓他相信自己值得擁有愛和幸福。你也可以鼓勵他坦然溝通，讓他知道你愛他原本的樣子。

建立自尊是一個漸進的過程，但只要以耐心和關愛陪伴，他就能學會用更正面的眼光看待自己。

016

不要再狂看手機了！
沒錯，他在線上……但不是為了你。
沒錯，他有空……但不會約你。
你在等他的訊息，他也在等別人的訊息。

Stop checking your phone over and over again. Yeah, they're active online… but not for you! Yeah, they're free… but not for you. While you're waiting for a text from them, they're waiting for a text from someone else.

忍住一遍遍確認手機的衝動。如果他沒有主動聯繫或為你騰出時間，那就醒醒吧。把注意力放在那些真正重視你、以你為優先的人身上。退一步審視人際關係，會帶給你力量，讓你建立有回應的連結。

把自己的幸福放在第一順位，將時間留給真正欣賞、關心你的人。

\#

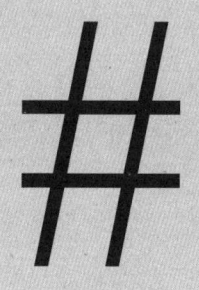

把自己的幸福放在第一順位,
將時間留給真正欣賞、關心你的人。

017

回到受傷的地方,
並不會讓你好起來。

You will never be able to heal by going back to what broke you.

我們時常想回顧過去的關係或情境，希望找到真正結束的方法，或重燃已逝的火花。然而，這麼做只會阻礙傷口癒合。首先要明白：回到讓你受傷的地方，一點療癒效果都沒有，還不如建設一個不再被傷痛定義的未來。這個過程包括承認痛苦、從經驗中學習，然後放手。想像一下，被支持你的人事物圍繞，會是什麼樣子呢？

療癒是一段旅程。你必須擺脫過去，才能擁抱全新的開始。

018

**真正長久的關係，需要大量的寬恕。
你必須接受你的伴侶並不完美。
他可能會傷害你，讓你失望、心煩意亂。
你必須想清楚，
自己是否願意和這個人一起走過風雨。**

*Real relationships, the ones that last, require a lot of forgiveness.
You have to accept that your partner isn't perfect and will hurt
you, disappoint you and upset you. You have to figure out if you're
willing to go through the ups and downs with them.*

相遇時，你們可能覺得彼此是天造地設的一對。但隨著年齡增長，你們會逐漸變得不一樣。一年一年過去，你們的需求和欲望不斷改變。

生而為人，我們會成長、會改變。接受你的伴侶並不完美，是非常重要的事。有時，他們可能會傷害你，讓你失望、心煩意亂。關鍵在於，你願不願意和這個人一起成長、一起走過風雨，因為這正是愛情的真諦。

019

控制自己的情緒,
學會少反應、多回應。

Control your emotions: learn to react less and instead respond.

掌控自己的情緒，減少衝動反應。情緒會影響我們的判斷，導致我們做出草率的回應。反應之前，先暫停片刻，深呼吸，思考一下。這麼做能確保你深思熟慮，做出更好的決定。學會管理自己的情緒，可以改善人際關係，讓生活更和諧。

運用情緒智商，冷靜而明智地應對挑戰吧。

\#

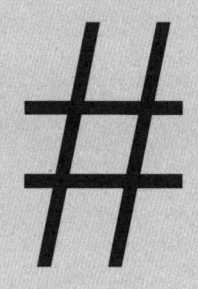

學會管理自己的情緒,
可以改善人際關係,讓生活更和諧。

020

這麼說有點殘酷,但是……
有些人事物的存在,就是為了傷害你。

This is a little harsh, but… they were supposed to hurt you.

你應該忍受痛苦。不是因為你活該——痛苦不是一種懲罰,而是唯一能讓你甩掉舊版自我的方法——以前的你,可能認為一點點付出就稱得上努力。你需要痛苦來喚醒自己,否則你永遠不會成長,並成為你應該成為的人。

成長往往始於不適。所以,你會成長的!

021

把對你好的人放在心上,
別忘了向他們表達你的感激。

*Keep the good ones close to your heart
and let them know you appreciate them.*

珍惜生命中遇到的好人，認可並感激那些帶來愛、支持與正能量的人。這些珍貴的連結將豐富你的生活，帶來幸福。把這些關係列為優先順位，善加經營，讓它們成為愉悅的泉源。當你身邊圍繞的都是好人，你就可以創造一個充滿愛和支持的生活圈，從而增進幸福感。

022

有些人只在有空時找你,
有些人則會特地為你空出時間。
一定要分清楚兩者的差異。

Some people talk to you in their free time and some people free their time to talk to you. Make sure you know the difference between the two.

023

我不指望得到你的道歉。
我只希望有一天,你會後悔這樣對我。

I'm not expecting an apology. I just hope one day you feel sorry for the way you treated me.

024

如果一個人真的喜歡你，你不用開口，
他就會打電話給你、傳訊息給你，
怎樣都會為你擠出時間。
沒有人會因為太忙，而錯過自己真心喜歡的人。

If a man truly wants you, you won't have to ask for effort.
He'll call you, he'll text you, he'll make time. No man is too
busy for a woman he truly wants.

珍惜自己，並認清對方願意為這段關係付出的努力，這一點非常重要。如果一個人真心想和你在一起，他自然會把妳放在優先順位，並且會努力表明自己的感情與承諾。他會和你溝通、制定計畫，讓你融入他的生活，而你無須猜測或質疑他的意圖。

你必須了解自己的價值，不要將就於最低限度的付出或浮動的關心。你要設定標準，堅守自己理應獲得的待遇，並且明白真正重視你的伴侶，會把你放在生活中的優先位置。這不僅僅意味著承諾，還有與之相符的行動，從而建立一段互相付出、彼此尊重的健康關係。

025

你幸不幸福，
很大程度是取決於你自己。

Your happiness is largely your responsibility.

有很多外在因素會影響你的情緒，但你有權選擇如何反應，以及要採取什麼行動。請將自我照顧、正向思考及個人成長視為優先考量。掌握幸福，專注於能夠帶來快樂和滿足感的事物。意識到自己正在扮演重要的角色，便能更有韌性地面對人生的高低起伏，創造更充實、更令人滿意的生活。

為了對自己的幸福負責，你願意踏出什麼樣的第一步？

026

**有沒有哪一件事,
你明知該放棄,卻不願意放手?**

*What is one thing you are holding on to that
you know you need to let go of?*

找出生活中阻礙你前進的事物，無論是怨恨、恐懼或不良習慣。承認它對你的影響，並且去理解、放手，是邁向自我成長的第一步。

從小事著手，逐步擺脫這個拖住你的負擔。用正面的想法或行動取而代之。放下那些不再對你有益的事物，才能為新的、更加健康的體驗騰出空間。接納這項改變，讓自己走向更幸福、更充實的生活。

027

對不尊重的行為做出反應,
卻被指責「太敏感」,
這其實是一種典型的情緒操控手段。

Being called 'sensitive' for reacting to disrespect is manipulation at its finest.

對不尊重你的行為做出反應,卻被貼上「太敏感」的標籤,這無異於是一種操縱手段,否定了受害者合理的感受,並轉移責任,暗示問題出在受害者的反應,而非最初的無禮行為。這是「煤氣燈操縱」的一種形式,目的是讓你懷疑自己的感受與反應。

相信自己的直覺和感受,如果你因為不被尊重而感到沮喪,這是完全合理的。為自己挺身而出,是自尊和情商成熟的表現,絕對不是太敏感。

028

真正接納自己,
就從放下「我應該是什麼樣子」開始。

The journey to self-acceptance begins with letting go of who you think you should be.

真正接納自己，就從放下「我應該成為什麼樣的人」那一刻開始。這是一段撕去外界期待與標籤的旅程，也是一次溫柔的自我探索。過程中，你將慢慢學會欣賞真實的自己，包括那些不夠完美的地方，而這並非一朝一夕就能達成。

看見自己的獨特、擁抱差異，並視之為一種力量。當你開始給自己多一點溫柔，並理解成長需要時間，你就會活得越來越真實。靠近真實自我的每一步，都帶我們通往更深的自我接納。

\#

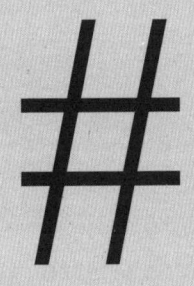

當你開始給自己多一點溫柔,
並理解成長需要時間,
你就會活得越來越真實。

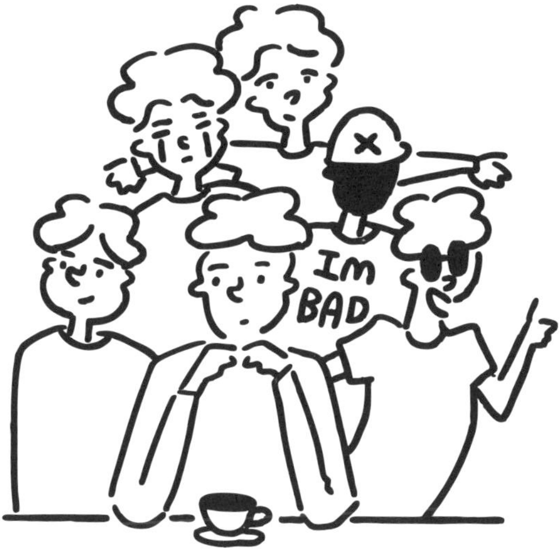
IM
BAD

029

若他在你哭泣、痛苦、心碎時依然安穩入睡，
那他愛你的方式，根本配不上你。

If someone can fall asleep knowing you're crying,
knowing you're hurting and your heart is broken,
then they don't love you in the way you deserve.

你是否處於情感受傷卻被忽視的狀態，是對方夠不夠尊重你的重要指標。真正的愛包含同理心和關懷，以及想減輕所愛之人痛苦的深切渴望。你必須誠實面對這段關係的現況，將自己的情緒健康放在首位，思考這段關係是否真正建立在互相與關愛之上。

選擇與那些真正重視你、支持你的人同行。別害怕求助，或找你信任的人傾訴心聲。你的情緒健康非常重要，若有人長期忽視你的感受，請勇敢離開他。

030

當你選擇誠實，
離開的只會是那些不值得與你同行的人。

When you are honest, you lose people who don't deserve you.

誠實是維持誠信與自尊的關鍵。若有人無法接受你的坦白,那他其實不值得留在你的生命中。請與那些欣賞你的真誠、尊重你價值觀的人同行。長遠來看,誠實會吸引真誠的連結,讓你與真正值得的人建立更堅固的關係。

031

不喜歡我？那就滾吧。

Don't like me? Fuck off. Problem solved.

有些人不喜歡你也沒關係，最重要的是你怎麼看待自己，以及你是否將精力投入到能夠帶來快樂與滿足感的連結和事物中。照顧好自己，設下界限，專注於自我成長和幸福。記住，他人的觀點無法定義你的價值。放下想要被所有人接納的執念，才能活得自在、真實而滿足。

032

**有時,好事沒有發生在你身上,
是因為你本身就是那件「好事」。
你是註定降臨在別人生命中的美好。**

*Sometimes the reason why good things aren't
happening to you is because you are the very good thing
that needs to happen to other people.*

如果好事遲遲沒有降臨在你身上,那是因為你肩負一個特別的使命:你是那個善良、富有同理心、讓人感覺良好,或是幫助他人走過低谷的存在。你自己可能沒有意識到,但你的善意和行動正在改變這個世界。所以,請你繼續做自己,為身邊的人事物帶來正面影響。

# #

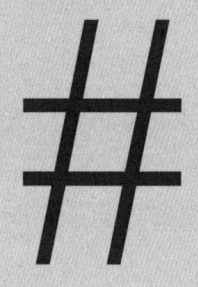

如果好事遲遲沒有降臨在你身上,
只因你本身就是那件「好事」。

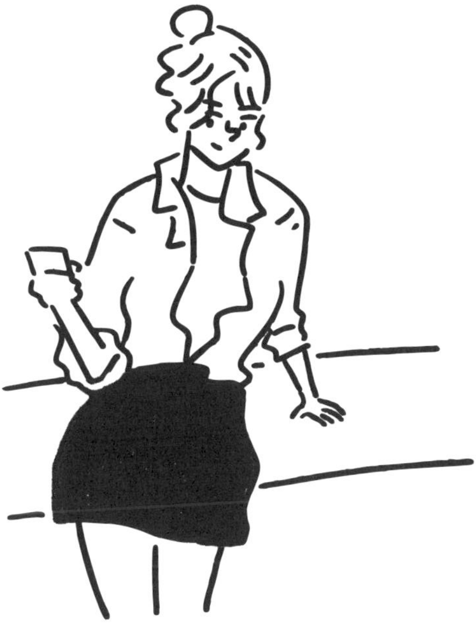

033

圈子小了,生活簡了。
心平靜了,幸福來了。

Small circle, private life, peaceful mind, happy heart.

與少數人深交，低調度日，你的心會變得平靜、喜悅。人際關係中，質遠比量更重要。擁抱單純，珍惜那些帶來正能量與支持的人。讓自己身邊圍繞真誠可靠的夥伴，才能守住內在的平靜。

擁有一個親密的小圈子，往往讓人生更加充實、滿足。選擇你要讓誰留在圈子裡，享受隨之而來的喜悅。

034

若你能如此深愛一個錯的人，
試想當對的人出現，你會多麼全心地去愛。

If you can love the wrong person that much,
imagine how much you could truly love the right person.

愛上一個錯的人，無論你付出多大的努力，結果終究不會完整。用同樣的心力去愛對的人，這份愛會帶來更大的收穫，而且會更持久。所以，別再為了錯的人努力。

035

**無論你多努力，
都無法強迫另一個人留在你身邊。**

*No matter how hard you try,
you cannot force someone to be with you.*

不要強迫任何人留在你的生命中；如果他們選擇離開，那是他們的損失。有時，人們要等到遇見和你截然不同的人，才會明白你有多好。

036

當你愛回憶勝過於愛眼前的那個人，
你就要知道，一切已走到盡頭。

You know it's over when you're more in love with the memories than with the person standing right in front of you.

當你對過去的留戀大過於對當下的關注,那就是時候放手、向前走了。如果你發現自己總是懷念過去,忽略此刻,顯然這段關係已經無法再繼續下去。放手吧,去尋找一個能讓你當下感到快樂的人。

037

**最好的朋友，並不是幫你解決問題的那個人，
而是當你遇到困難時，依然留在你身邊的人。**

*A best friend isn't one who makes your problems disappear;
a best friend is one who doesn't disappear
when you're facing your problems.*

真正的朋友不會幫你解決問題，但在你面對困難時，他會陪在你身邊。真摯的友誼蘊含支持、忠誠和不離不棄。珍惜那些在你最艱難的時刻陪伴左右的朋友，因為他們才是真正把你放在心上的人。

你生活中有幾個這樣的人呢？記住，在艱難時刻，摯友的陪伴和支持會帶來很大的不同，在你最需要時給予力量和安慰。

038

如果一個男人傷害了每個走進他生命的女人，
那他真正的靈魂伴侶只有一個人——他自己。

If a man hurts every woman who enters his life,

it's because his true soulmate is a man. Himself.

如果一個人持續在人際關係中傷害對方,那他其實是在間接傷害自己。這樣的行為可能源自於他內心深層的掙扎或未解的情感問題,而這不僅會破壞他的人際關係,還會對他的情緒健康造成損害。他必須意識到這種自我毀滅的循環,理解並療癒內在衝突。

治癒自己,是通往健康關係的第一步。

039

**如果你習慣在心情不好時自我封閉，
這可能是因為你在童年時期
不得不獨自處理情緒。**

If you self-isolate when you get upset, it might be because you were left to deal with your emotions alone as a child.

如果你在情緒低落的時候傾向獨處，這可能是因為你在童年時期就必須獨自處理你的情緒。意識到這一點，可以幫助你理解自己為什麼會選擇封閉。

你不必一個人承擔一切。善待自己，嘗試與信任的朋友或家人分享你的感受。創造健康的方式來處理情緒，例如寫日記，或者和理解你的人交談。這樣一來，你就可以擺脫孤立的習慣，與他人建立更緊密的連結，共同度過難關。

040

**不要搞錯了,你並沒有變得自私,
只是學會了不被人操控。**

You didn't become selfish, you became harder to manipulate.

Don't confuse the two.

當你開始拒絕那些試圖操控你的人，他們可能會說你自私。但實際上，你只是懂得如何保護自己，不被他人利用。就像是為自己挺身而出，不讓別人左右你的選擇。考慮什麼對自己最有利，而非只做別人想要你做的事情，這一點都不自私，而是聰明和堅強！

# #

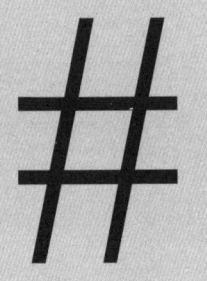

考慮什麼對自己最有利,
一點都不自私,而是聰明和堅強!

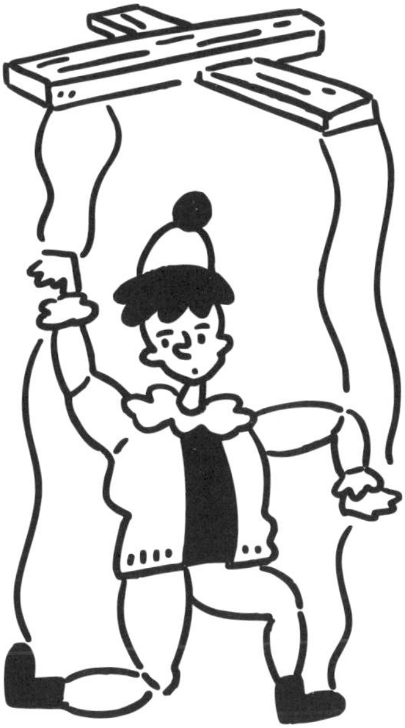

041

總有一天，你會遇見一個人。
他會讓你明白，你一直都很好。

One day you're going to meet someone who makes you realise that there was never anything wrong with you.

遇見一個真正欣賞你的人，是一段非常強大的經驗。這段關係會讓你意識到，之前面臨的所有懷疑或批評，其實都與你無關，只是反映了當時的錯誤關係或情況。對的人會幫助你看到自己真正的價值和獨特之處。

你一直都很好，只是有時需要合適的人來讓你看見並相信這一點。這樣的關係會提醒你，被理解和珍惜有多重要。

042

**若你真心愛一個人,絕對不可能背叛他。
真愛面前,從來不存在欺騙這個選項。**

*You can't cheat on someone you're in love with.
It's not possible, because if you truly loved them,
cheating would never be an option.*

真愛從不只是曖昧與悸動，而是一種安穩的歸屬感，像是在對方身邊找到回家的路。這是一種選擇；即使兩個人相處不輕鬆，仍然願意珍視對方，視之為珍寶。

如果內心動搖，請回想你們共享的歡笑與夢想，再仔細想：一時的刺激，值得冒失去這一切的風險嗎？選擇信任、誠實和產生共鳴的情感，珍惜你們之間的連結，共同建立比任何誘惑都更強大的愛。

如果誘惑仍然存在，以致你萌生背叛的念頭，那或許是時候審視這段關係和你的個人價值觀了。坦率而談，正視問題。必要時，懷抱尊重與誠意，好好道別。真正的愛，是建立信任，而非摧毀。

043

**宇宙最混蛋的安排,
就是讓你在錯的時間遇見對的人。**

One of the most fucked up things the universe will do to you is let you meet the right person at the wrong time.

生活總會安排一些難解的情境，例如讓你在錯的時間遇見對的人。這樣的經歷令人感到沮喪與不公，卻提醒了我們人生與人際的不可預測性，也讓我們得知「時機」在一段關係的開始扮演著多麼重要的角色。有時，你所能做的只有接受現狀，從中汲取教訓，然後繼續前進，暗自期望如果一切早就註定，那麼在適當的時機，宇宙一定會讓你們重逢。

044

**無論你有多善良,總有那麼一刻,
你發現自己必須用別人對待你的方式對待他。**

Regardless of how good your heart is, there comes a point where you have to start treating people how they treat you.

善意很寶貴，但知道何時該正視自己所受到的待遇也同樣重要。如果有人一再不尊重你或傷害你，你可以調整對待他們的方式。這不是報復，而是保護自己，並確保在交流中相互尊重。記住，維護自尊與保持善良同等重要。

#

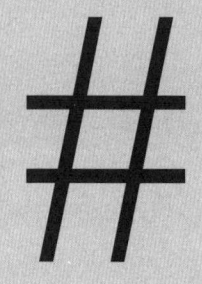

如果有人一再不尊重你或傷害你，
你可以調整對待他們的方式。
這不是報復，而是保護自己

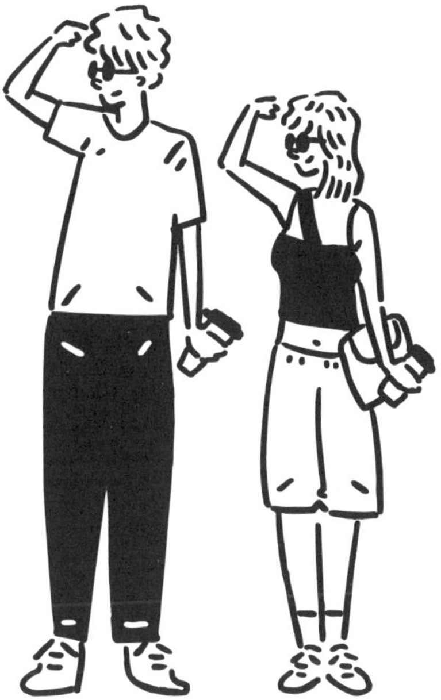

045

如果你沒被邀請,那就不要去。
如果朋友沒有告訴你,那就不要問。
如果你在最後一刻才受邀,請禮貌地婉拒,
因為他們打從一開始就沒有打算把你加進去。

If you weren't invited, don't go. If none of your friends told you, don't ask. If you got a late invite, respectfully decline. They had no intention of including you in the first place.

尊重自己，就要懂得辨識何時你並未真正被需要。如果一開始沒有受到邀請，就別強行參加。如果朋友沒有主動告知你某個活動的訊息，也不要強求加入。

遲來的邀請，往往都是「事後才想到你」。學會優雅地拒絕，珍惜自己的價值，把時間留給真正欣賞、包容你的人。你的自尊和朋友的陪伴，遠比融入一個不重視你的地方重要得多。

046

**別逼我展現無情的一面，
否則我們可能再也回不去了。**

Don't put me in a position where I've got to show you how heartless I can be. You might never look at me the same.

你必須堅定地設下界限。提醒其他人，不要挑戰你的容忍底線，否則你可能會徹底逆轉他們對你的看法。每個人都有自己的底線，尊重彼此的底線，是維持健康關係的關鍵。明確而堅定地表達自己的立場，讓其他人知道越線的嚴重性。這不僅僅是自我保護，而是人與人之間相互尊重與理解的基本。

047

**遠離那些從你身上得到好處、
卻遺忘這些付出的人。**

*Stay away from people who have benefitted from you
but act like you have never given them anything.*

真正珍惜自己,就該遠離那些無視你的慷慨之人。如果有人一再接受你的幫助,卻從未承認或表達感激,那麼是時候重新評估你們之間的關係了。你值得與那些懂得欣賞和回報善意的人在一起。守護自己的能量,把時間留給真正平等、互敬的關係。你的努力和貢獻有重量,應該報以感激,而非冷漠。

048

**沒有哪個女人會因為伴侶犯了一次錯而離開。
她選擇離開,是因為他已經錯成了習慣。
她一直都在,並不表示她永遠都會在。**

No woman leaves because her partner made a mistake. She left because he made it a habit. Just because she's always been there doesn't mean she'll always be there.

女人不會因為一個錯誤就結束一段感情，往往是因為錯誤一再重演，才讓她選擇離開。這反映出一個事實：許多女性寧可與現有的伴侶一起克服挑戰，也不願和其他人重新開始。她繼續留在這段關係裡，是希望你能應對挑戰，成為配得上她的伴侶。然而，若你對她的忠誠產生錯誤的安全感，可能會視她的付出為理所當然，忘了要給予尊重。

感情中最重要的一課：千萬不要以為某人過去堅定不移的支持，就能保證他將來也會一直留在你身邊。維繫健康而穩定的關係，需要雙方持續的努力和尊重。

049

如果連你都不懂自己在想什麼，
別人很難理解你的沉默。

People don't understand the stress of trying to explain what's happening in your mind when you can't even comprehend it yourself.

當你內心感到混亂，說不出為什麼是很正常的。這就像腦子裡的拼圖亂成一團，一時之間無法拼湊完成。請溫柔善待自己，因為很多人都有這樣的時刻。與其急著解決問題，不如做一些能讓你感到平靜和快樂的事情。可以是畫畫、聽音樂，或出去走走。把你的想法寫進筆記本也很有效，就像寫日記一樣，你可以在裡頭盡情抒發自己。如果你真的覺得自己「卡住了」，和你信任的人談談可能會有所幫助。值得信賴的人就像嚮導，能夠助你解開腦中的拼圖。

050

如果你每個早晨都是為了他睜開眼睛；
如果他在你最低潮的時候拉你一把；
如果他讓你笑得比你想像的還要多；
如果他給了你活下去的理由……那麼，
請你相信，你已經找到了命中註定的那個人。
永遠不要放棄這樣的緣分。

If you wake up every morning because of them,
if they found you at your lowest and picked you up,
if they make you smile more than you ever believed possible,
if they gave you a reason to live again, just know you've
found your forever person, so don't ever give up on them.

051

在失敗中前進,從每一個錯誤中學習。

Fail forward: learn from every single mistake you make.

052

**人類最有毒的特質之一，
就是期望別人接受某件事，
但當角色互換，他們自己卻不願意接受。**

*One of the most toxic traits a person can have
is expecting you to be okay with something when they wouldn't
be okay with it if the roles were switched.*

在人際關係中，要學會辨識並避免雙重標準。如果有人期望你容忍他自己無法接受的行為，那是不公平的。關係應建立在相互尊重與平等的基礎上。面對不對等的期待，請勇敢表達自己的立場，追求一段平衡且健康的關係。有益的標準，應該同時適用於雙方。

053

不要因為有人在背後議論你而感到難過。
那是他們唯一能待的地方——你的身後！

Don't be sad that people talk about you behind your back:
they're in the right place. Behind you!

當你發現有人在背後議論你,請將此視為自己正在進步的證明。與其陷入負面情緒,不如把握這個機會,專注於自己的旅程和個人成長。你的行動與品格遠比流言更具說服力。忠於自我,堅定前行,你自然會走在那些人的前方。

＃

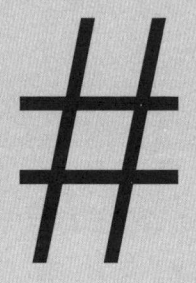

當你發現有人在背後議論你，
請將此視為自己正在進步的證明。
忠於自我，堅定前行，
你自然會走在那些人的前方。

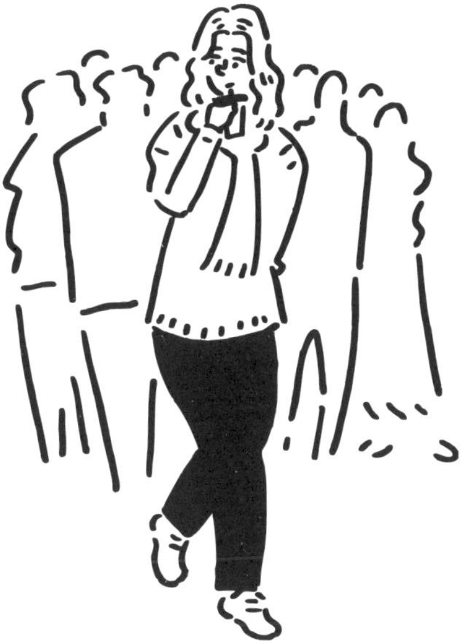

054

最難說出口的告別,
往往會引領我們走向最有意義的相遇。

The hardest goodbyes often lead to the most meaningful hellos.

道別從不容易，對生命中重要的人或事物說再見尤其困難。這些時刻向我們提出挑戰，將我們推出舒適區，迫使我們面對改變。然而，每一次艱難的告別，都在為嶄新的開始鋪路。每一次離別，都意味著一個新的開始、一次成長和探索的機會。

擁抱不確定，讓它引導你走向意想不到的喜悅和機會。那些道別給了我們力量，去迎接最深刻的相遇，去敞開心扉，接受新的面孔、新的經歷和教訓，從而豐富我們的生活。

055

**男人經常為了另一個女人而離開。
但女人離開男人，往往是為了自己。**

*A man often leaves a woman for another woman.
But a woman leaves a man for herself.*

當男人決定結束一段感情,「追求另一個女人」是很常見的原因。這是受外在慾望驅使的選擇。然而,女人決定離開,往往是出於一種深刻的自我實現意識。她不僅僅是離開了一個男人;她勇敢選擇了自己。這樣的決定,是對自尊與獨立的宣言,也是對內在需求和幸福可能性的認同。她的離開,是對自愛與個人賦權的肯定,反映出自身對幸福和成長的承諾。

056

我對你說的每一句「我愛你」都不是出於習慣，而是為了提醒你，你是我生命中最美好的存在。

When I tell you I love you, I don't say it out of habit.
I say it to remind you that you're the best thing
that's ever happened to me.

我們精心挑選某些詞語，以傳達某個人帶來的深遠影響。例如，當我說「我愛你」，是因為你的存在讓我十足珍惜、感激，是生命最大的祝福。這句話證明了我真摯的情感，顯示出你有多麼特別、帶給我多少快樂和意義。

我們都渴望在生命中至少一次被這句話擁抱，而總有一個人能將這三個字化為承諾。每個人都值得擁有一份真摯的愛，讓「我愛你」不只是一句話，更是堅定不移的支持、理解和陪伴。而我們的一生，就是要學會辨認並擁抱與我們價值相符的愛。它會讓我們感受到被重視、被理解、被深深愛著。

057

**如果你在事情發生前就開始焦慮，
那等於讓自己經歷了兩次痛苦。**

If you stress too much about something before it happens,
you put yourself through it twice.

過度擔憂未來的事情，其實是讓你自己經歷了兩次的壓力和焦慮。第一次是源於期望——你努力在精神和情感層面上應對潛在的結果和挑戰。這種情感預支往往會放大事件本身的影響，加劇焦慮和不安。你不僅要提前承受壓力，還得背負兩倍的情緒負擔。管理預支焦慮、保持心態平衡，才能避免不必要的情緒耗損。

#

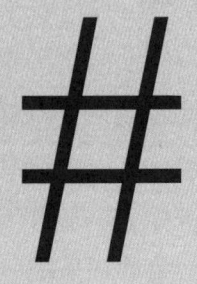

管理預支焦慮、保持心態平衡,
才能避免不必要的情緒耗損。

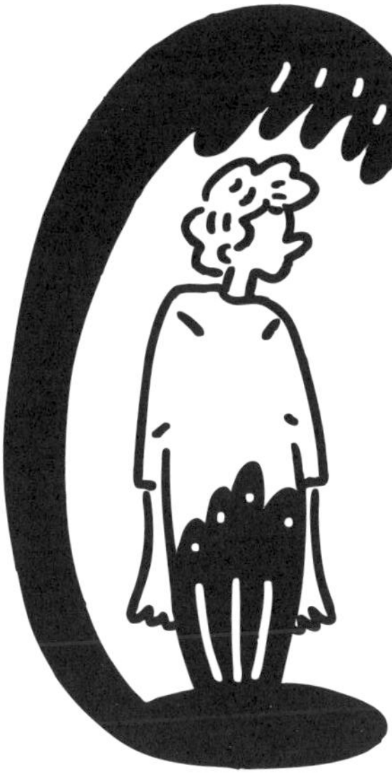

058

如果一段友誼持續超過七年，
它就很有可能陪伴你一輩子。

If a friendship lasts longer than seven years,

psychologists say it will last a lifetime.

心理學研究顯示，超過七年的友誼，很有可能成為伴隨終生的關係。七年被視為一個關鍵門檻，因為這通常代表一段友誼已經經歷了各種挑戰和轉變，例如生活環境、個人成長、興趣演變。

隨著時間推移，這些友誼發展出相互理解、共同回憶與情感連結。七年的友誼壽命意味著更深的承諾與聯繫，顯示出這段情誼的韌性及穩固程度，經得起人生的起起落落。

059

善良未必能換來同等的回報。
現實令人心寒,
世上有很多好人總是一再被傷害。

No matter how good your heart is, you won't always get good things in return, and that sucks because there are so many good people out there, and they get hurt all the time.

擁有一顆善良的心，不一定就能換來同等的回報，事實就是如此殘酷。尤其當善良的人反倒遭受傷害與失望，更令人難過。然而，別讓他人的行為或生活的不公，抹去你善良的價值。繼續保持善良，並忠於自己的價值觀，不是為了得到回報，而是要定義你是誰。選擇在這個世界懷抱善意，本身就能帶來內在的平靜與滿足，無論你是否獲得回報。

060

你是否曾經想過：
真希望可以回到第一次遇見某個人的時刻，
這樣我就來得及拔腿狂奔？

*Do you ever wish you had the chance to
meet someone again for the first time, so you could just run
like hell in the opposite direction?*

有時，我們會遇到一些為生活帶來負能量的人，暗自希望自己從來沒有遇見他們。學會儘早察覺這些人，相信自己的直覺，不要害怕遠離那些消耗精力或快樂的人。把自己的健康放在第一位，讓周圍充滿正能量。

設定界限、選擇更健康的人生，何時開始都不算太遲。

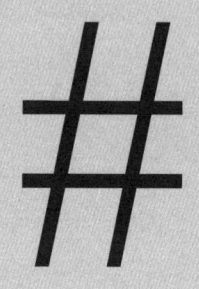

不要害怕遠離那些消耗精力或快樂的人。
把自己的健康放在第一位。

061

**會回來的情感，
其實從未真正消失。**

Feelings that return are ones that never truly departed.

某個情感如果重新浮現，通常表示出內心尚未解決的情緒或連結。我們必須正視這些感受，了解它們的根源，反思為什麼這些情感會再次出現，以及它們對你有什麼樣的意義。有時，它們可能表示未完成的事情，或深刻而持久的依戀。

無論這些情感最終是引向結束、療癒，還是重燃一段關係，我們都必須誠實面對。情緒有起伏很正常，而理解它們，則是維護心理健康的關鍵。

062

**如果你可以選擇，
讓某個人立刻出現在眼前，你會選誰？**

*If you could choose anyone you've ever met to
knock on your front door right now, who would it be?*

想一想那個能為你帶來歡樂、安慰或啟發的人。他可能是你的愛人、朋友，或是你欽佩的對象。想像他現在敲響你的門。你有什麼感覺？這種感受能幫助你了解誰對你的生活產生了正面影響。多花時間和這樣的人相處，也試著成為這樣的人。當你被正向的人圍繞，快樂和幸福感也會隨之提升。

063

你真的要追求一個根本不想要你的人嗎？
拜託，有點自尊心，轉身離開吧！
你值得更好的。

Are you seriously chasing someone who doesn't want you? Have some self-respect and walk away! You deserve better.

064

**我知道這很難,也知道你正在苦苦掙扎,
但請幫我一個忙:不要放棄。
美好的日子即將到來,相信我。**

I know. I know it's tough. I know you're struggling.
But do me a favour: don't give up.
Better days are just around the corner, trust me.

# #

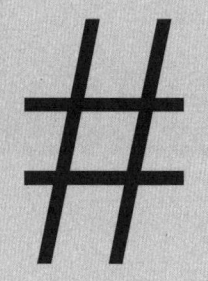

不要放棄。
美好的日子即將到來。

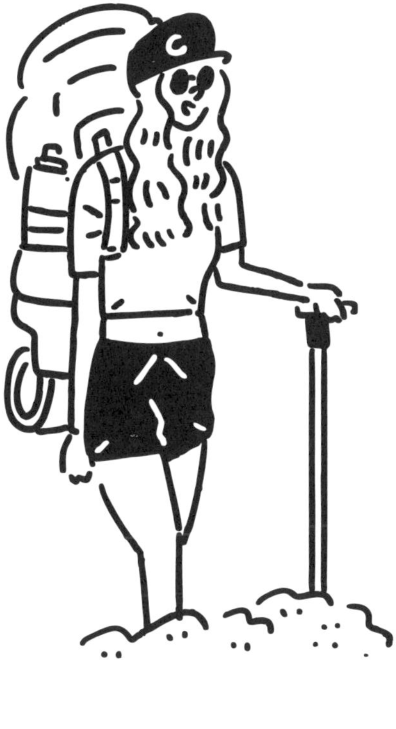

065

**最糟糕的感覺，
是當你終於擺脫低潮，鼓起勇氣去愛，
最後卻再次心碎。**

*The worst feeling is when you finally get over your depression,
you fall in love, and you get your heart broken again.*

從心碎中復原真的很難。請記得，療癒的過程並非線性，出現波折很正常。把重心放在自己的幸福，多和支持你的人待在一起。允許自己去感受並處理隨之而生的情緒，也別忘了你的力量與韌性。你已經克服過種種挑戰，這次也一樣做得到。持續建立你的自我價值，不要被挫折定義。你依然擁有愛與被愛的能力，前方有更美好的體驗正在等著你。

066

**話說在前頭：你如果搞失蹤，我就當你不存在。
你對我沒興趣，我也不會白費力氣。
你把我放在第二順位，我就把你排到最後。
但是，如果你給我忠誠與愛，我會給你全世界。**

Let me make this simple: You ghost me, I ghost you.
You show me no interest, I'll show you no effort.
You put me second, I'll put you last.
But if you show me loyalty and love, I'll give you the world.

一段關係的發展，有賴於相互付出。如果有人搞失蹤或對你不理不睬，你可以選擇保護自己的情感，甚至對他做一樣的事。把心力留給那些珍惜你的人。反之，如果有人展現忠誠與愛意，你也要回以同等的關懷和欣賞。健康的關係，是建立在雙方的努力和尊重之上。把你的愛留給值得的人，為那些懂得回應的人全心投入。

067

你還未遇見所有愛你的人，
也還未見過這一生你將愛上的所有人。

You haven't met all the people who are going to love you yet, and you haven't met all the people you are going to love within your lifetime.

人生是一段持續建立新關係的旅程。我們會遇見一些人，最終占據我們內心的一角，也會有許多人帶著愛與珍惜前來。這種觀點激發了人們對未來的希望與期待，讓人相信，生命中還有許多深刻而珍貴的連結正在前方等待。它鼓勵我們懷抱樂觀的心態，更溫柔提醒——愛與陪伴，永遠在擴展、在發生。

\#

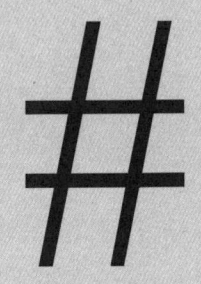

生命中還有許多深刻而珍貴的連結
正在前方等待。
愛與陪伴,永遠在擴展、在發生。

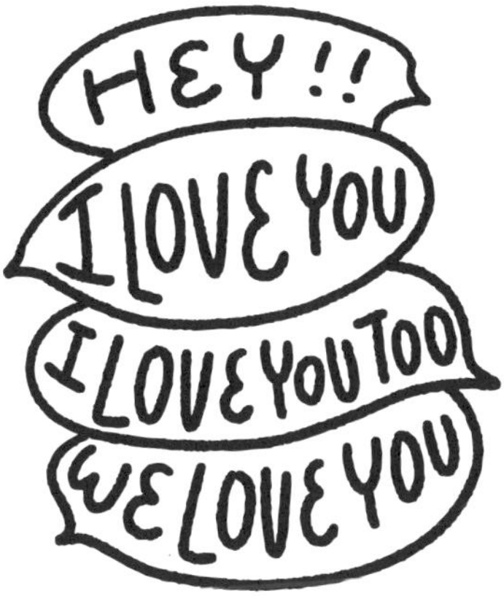
HEY!!
I LOVE YOU
I LOVE YOU TOO
WE LOVE YOU

068

有人說,等待一個人很痛苦。
也有人說,忘記一個人很痛苦。
但最痛苦的,是你不知道該等還是該忘。

Some say it's painful to wait for someone, and some say it's painful to forget someone. But the worst pain is when you don't know whether to wait or forget.

要等待某個人還是繼續前進,人們經常在這兩個選項中拉扯。這時,請聽從你的直覺,優先考量自身的幸福。如果等待會帶來更多傷害和不確定,那麼放手可能是更健康的選擇。找出那些讓你平靜和快樂的人事物,把它們列出來。無論等待還是遺忘,做出決定的那一刻,心才會慢慢走出混亂與疼痛。

069

你有千百個留下的理由,但你選擇離開。
我有千百個離開的理由,但我選擇留下。

You had many reasons to stay, but you chose to leave.
I had many reasons to leave, but I chose to stay.

在關係中，我們經常面臨艱難的選擇。有時，就算一個人有無數留下來的理由，仍然會出於個人需求或未解決的問題而選擇離開。有時，你可能會找到很多離開的理由，最終卻因為承諾和期望而留下。

這種複雜性，說明了愛情的世界裡，每一個決定都屬於個人，難以用理性衡量。

070

**人們說，愛情在你還沒準備好的時候降臨，
卻在你準備好的時候結束。**

They say love comes when you're not ready

but ends when you are.

愛總在你意想不到的時刻悄然降臨，提醒我們，愛不需要等到做好充分準備。它教會我們接受變化，也讓我們體會驚喜的美好。然而，在我們最願意擁抱愛的時候，它也可能悄然離去。生命的一切都無法全然掌控。這種不可預測性，鼓勵我們活在當下，珍惜每一段正在發生的愛。

為愛做好準備，重點並不在於完美的時機，而是敞開心胸，接納愛情帶來的教訓和經驗。相信過程吧。你經歷的所有艱難，都塑造了此刻的你。人生是拿來學的，而不是教。

071

**學不會的人生課題,
命運會讓你一再重修。**

*The lesson you struggle with will repeat itself
until you learn from it.*

人生的課題會反覆出現，直到你真正學到教訓為止。如果你發現自己又陷入類似的困境，那是命運在給你學習和成長的機會。試著反思導致這些情境的模式和選擇，擁抱自我意識，並採取行動去改變。從這些經驗中學習，你才能打破循環，邁向更充實的人生。

真正的成長，在於理解並運用人生的課題。

072

獨處並不會讓你感到寂寞；
和錯的人在一起才會。

Being alone doesn't make you lonely;
being surrounded by the wrong people does.

寂寞，從來不是因為沒有人陪；和錯的人在一起，才會使寂寞加倍。讓身邊充滿支持你的人，選擇能帶來正能量與滿足感的連結。關係的品質遠比數量更重要。如果你是獨自一人，那就利用這段時間，和自己建立更牢固的連結。你喜歡自己做什麼事情？在公園散步、光顧一家新的咖啡廳、為自己做一頓飯，或者開啟一項新的嗜好？

與其和讓你感到寂寞的人為伍，獨處會帶來更多滿足。

073

不是每個人都會喜歡你，
也不是每個人都希望你過得好。
無論多努力，
你永遠無法取悅所有人。

Not everyone is going to like you or wish the best for you in life, and you're never going to be able to make everyone happy no matter how hard you try.

你無法控制別人怎麼想,也不可能取悅所有人。有些人也許會因為你的成功,或是過去的誤會而心存不滿。請記得,你只能控制自己的行為和言語,無法控制他人的反應。專注於成為最好的自己,善良、誠實、尊重他人並忠於自我。不要因為別人的黑暗,讓這個世界失去你耀眼的光。

\#

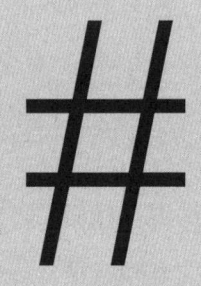

你無法控制別人怎麼想,
也不可能取悅所有人。

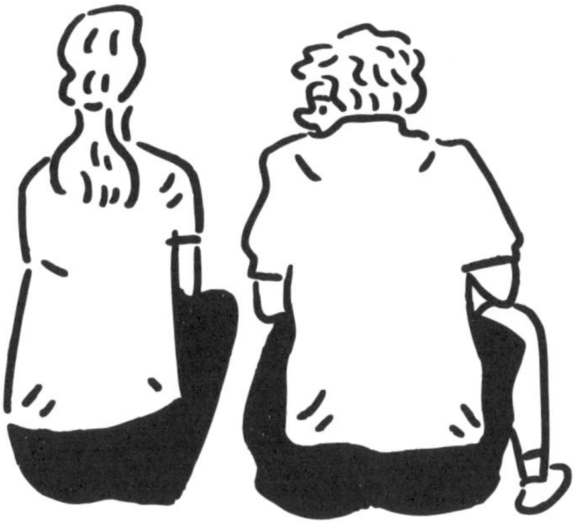

074

因為做了某個決定而感到難過,
並不表示這個決定是錯的。

Feeling sad after making a decision
doesn't necessarily mean it was the wrong one.

悲傷伴隨著某個決定而來，不一定表示這個決定是錯的。有些選擇會幫助你成長、通往幸福，但也可能帶來複雜的情緒。相信自己的判斷，並理解成長往往需要走出舒適區，連帶引發情緒波瀾。接受這個過程，然後從經驗中學習。

你的所有感受都真實且合理。即使你知道自己做了對的選擇，那些複雜的情緒依然會存在。

075

**你的名字曾經讓我微笑，
現在卻⋯⋯讓我笑不出來。**

When I used to hear your name, it would give me something that it doesn't give me anymore... a smile.

076

放下錯的人,
對的人才能走進你的生活。

You will never find the right person
if you never let go of the wrong one.

077

**疲倦有兩種：
一種是身體渴望睡眠，
另一種是身體渴望平靜。**

There are two types of tired: one is when your body is screaming for sleep, and the other is when your body is screaming for peace.

要懂得辨識自己處於哪一種疲倦。身體上的疲倦，代表你需要休息；情緒上的疲倦，則表示你需要內心的平靜。注意身體傳來哪一種訊息。身體累了就好好休息，情緒耗竭就去尋求內在安定。

做一些能讓撫慰心靈、滋養靈魂的事情。把重心放在自己身上，找到身心之間的平衡。別忘了，身體和心靈都會影響健康和幸福。這關乎於尊重身體真正的需求，並打造一種全面的自我照顧模式，活得更有活力、更充實。

078

不要再對別人說：
「但那是你的媽媽／爸爸／兄弟／姊妹啊。」
任何人都有權遠離那些傷害自己的人。

Can we please stop telling people, 'Yeah but that's your mum/ dad/ brother/sister.' You have a right to walk away from people who constantly keep hurting you.

無論是不是家人，有毒的人就是有毒。不要讓血緣關係成為不良行為的藉口。你有權與任何傷害你的人保持距離，尤其是當這段關係充滿自私和不忠的時候。設立界限，讓身邊充滿鼓勵你和支持你的人，優先考量自己的幸福和心理健康。

面對傷害你的人，選擇保護自己並不自私，反而是一個有效且必要的選擇。你的幸福與平靜至關重要，沒有任何人可以破壞。當你的幸福面臨威脅，不要害怕以自己為重。

079

**你什麼時候才會明白,
即將到來的一切比過去更好?**

*When are you going to finally realise that
what's coming is better than what's gone?*

未來所蘊藏的機會和經驗，可以超越你失去或放下的一切。放下過去，開啟可能性之門。擁抱變化，以樂觀的心態展望未來。生活充滿無限，每一次結束都是一個嶄新的機會。

抱持希望，隨時準備好迎接未來的潛力，因為它往往會帶來你無法想像的成長和幸福。

\#

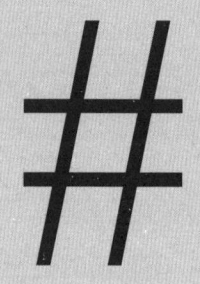

生活充滿無限，
每一次結束都是一個嶄新的機會。

080

**自我探索的旅程,
往往充滿不適與不確定。**

The road to self-discovery is often paved with discomfort and uncertainty.

自我探索之路並不輕鬆，反倒充滿不適與不確定。然而，這些挑戰並不是阻礙，而是引領我們更深入了解自我的墊腳石。面對不安、擁抱未知，才能成長和進化。這個過程促使我們去質疑、去探索，並突破舊有自我的限制。我們在這條路上前進，學會相信自己的韌性。每一步都帶來慰藉，因為我們正在成為更真實的自己。

081

**假笑很簡單，
解釋自己的痛苦卻很難。**

Faking a smile is easier than explaining the pain you're in.

有時候，擠出一個假笑比說明內心的痛苦更容易。你可以在必要時保護自己的情感，但不要徹底隱藏痛苦。向外尋求支持，和值得信賴的朋友或專業人士聊聊。打開心門，是療癒和理解的開始。記住，正視你的痛苦，但不要獨自承受。脆弱也蘊藏著力量。懂得求助，才可能有美好、更燦爛的未來。

你不必默默承受；這個世界上，有人關心你、願意聽你說。

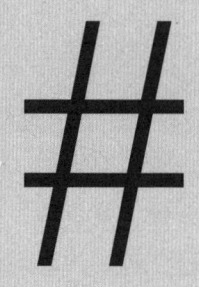

\#

正視你的痛苦,但不要獨自承受。
脆弱也蘊藏著力量。

082

如果你還在猶豫要選我還是選另一個人,
那就選他吧。
真的在乎我的人,
根本不需要做選擇。

If you have to choose between me and another person, choose the other person. Because if you truly cared about me, you wouldn't need to choose.

你永遠不應該成為別人的選項,活在次要選擇的恐懼之中,擔心自己隨時會被取代。離開吧,無論有多痛苦。永遠都要把自己放在第一位!

083

如果有人忽視你或拒絕你,
不要難過。
人們通常會對昂貴的東西視而不見,
因為他們買不起。

Don't feel sad if someone ignores or rejects you. People normally ignore expensive things because they can't afford them.

不要因為某個人的無知或拒絕而難過。有時，人們錯過珍貴的東西，是因為他們不知道它真正的價值。你的價值，並不取決於別人如何看你。專注於自我價值，以及那些欣賞你、珍惜你的人，把自信找回來。

不要讓別人的無知影響你的自尊心。你身為你，就已經很珍貴了。

# #

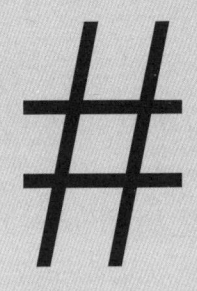

你的價值,並不取決於別人如何看你。
你身為你,就已經很珍貴了。

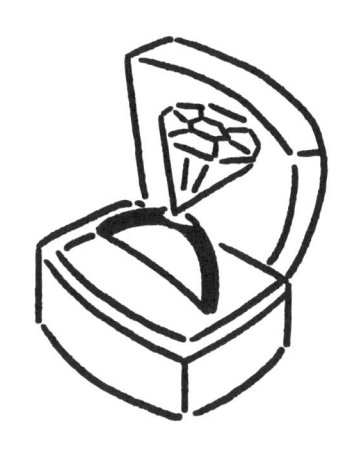

084

總有一天，
會有一個人出現在你的生命中，
讓你明白自己為什麼沒有和過去那些人
走到最後。

One day, someone's going to walk into your life and make you realise why it never worked out with anyone else.

總有一天，某個特別的人會走進你的生命，讓你明白為什麼過去的感情都沒有結果──等待，是為了迎接對的人。在那個人出現之前，請專注於自我提升和自愛。對新的連結抱持開放態度，但不要急躁。那個人自然會帶來你應得的幸福和滿足。耐心很重要。有時，最好的事情會在你最意想不到的時候發生。

你會擁有一段深刻又有意義的關係，讓過去的心痛都成為值得。

085

**如果生命只剩下五分鐘，
你最想和誰說說話？**

*I have a question for you: if you only had five minutes
left to live, who would be the one person that you
would like to have your last conversation with?*

閉上眼睛，讓思緒漫遊。想一想，在生命最後的時刻，你最想和誰交談。這個人可能是家人、親密的朋友或伴侶，在你心中占據了特別的位置，你深愛他、關心他。這種反思提醒了我們，珍惜每一個有意義的關係，學會在當下表達自己的感受，並創造長存的回憶。

記住，那些為你帶來歡樂和愛的人，才值得你花費心力。

086

明明睡了一覺,醒來卻還是感到疲倦?
如果你的心沒有真正得到平靜,
那根本不算休息。

Have you ever gone to sleep only to wake up feeling tired?
Your mind never found peace; it wasn't truly rested.

一覺醒來卻仍感到疲倦,意味著你的心靈未能在睡眠中得到平靜。試著在睡前做一些有助於放鬆的事,例如冥想、寫作或寫日記。建立一個例行儀式,來告訴你的大腦「該放鬆了」。內在空間平靜下來,你的睡眠品質就會跟著改善,醒來時也會更有精神。

內在平靜是真正的休息和整體健康的關鍵。讓睡眠成為你的避風港,帶你暫時逃離這個世界。

087

你不一定會成功,但探索的過程,
將是有史以來最偉大的冒險。

Perhaps it won't work out, but discovering if it does will be the greatest adventure ever.

某件事不一定會成功,但尋找答案的旅程,本身就是一次不可思議的冒險。擁抱新體驗的不確定性,因為當中蘊藏著意想不到的驚喜。別讓對失敗的恐懼,阻礙你探索新的道路和機會。

人生中最偉大的冒險,往往來自未知與風險。無論成功與否,這趟旅程本身就足夠寶貴且豐富。勇敢去探索吧!享受未知,發現一切可能。

088

學會在獨處中找到快樂。

Learn to be happy in your own company.

孤獨是自我探索與自足的機會。內心充滿愉悅，向外追逐幸福的依賴感就會降低。自足是很珍貴的能力，讓你能獨立享受生活。追求熱情所在、享受孤獨的時刻，學會愛自己。

今天的你獨自做了什麼事？做這件事的時候，你感覺怎麼樣？當你在獨處中找到快樂，人生將變得更充實、更平衡。

089

**你的壓力根源,不是因為做得太多,
而是能讓你感覺「活著」的事情太少。**

*You're not stressed because you're doing too much;
you're stressed because you're doing too little of
what makes you feel most alive.*

壓力，往往不是源自於「太忙」，而是因為少了能讓你充滿活力的事情。那些能激發你的熱情、讓你感到快樂的事物，應該是生活中的優先順位。當你投入於能讓自己感覺有活力的事情，生活會更平衡，壓力也會減輕。不要只是「生存」；人生要有目標，多去做滋養靈魂的事。

你的幸福，值得用心經營。想擁有充實的人生，就要花時間去做能帶來快樂和活力的事情。

090

最深刻的關係，不是沒有衝突，
而是吵完之後更理解彼此。

*The most profound relationships are not those without conflict,
but those where conflicts lead to greater understanding.*

所有關係都會有衝突,但不要害怕或逃避它,而是要將衝突視為成長的機會。出現分歧時,要以開放的心態和願意傾聽的態度去應對。努力理解對方的觀點,並誠實表達自己的觀點。雙方共同面對衝突,不僅可以解決問題,還能學習相互尊重、獲得更深的理解,讓你們的連結更加穩固。

真正深刻的關係,往往是在衝突之中誕生。

091

一份禮物包裝得再精美,最終也可能被送達錯誤的地址。這種情況發生時,接收者可能會不珍惜這份禮物,因為:
(1) 他不知道該怎麼處理這份禮物;
(2) 打從一開始,這份禮物就不屬於他。

You can be the whole package and still end up at the wrong address. When this happens, the receiver will mishandle you because:
(1) They don't know what to do with you, and
(2) They were never meant to have you in the first place.

再完美的人，也可能因為處於錯誤的位置而被輕視。錯的人無法理解你的珍貴之處，也不該成為你生命的一部分。認識自己的價值，並尋找那些欣賞你、值得你去相處的人。別讓錯誤的理解和對待貶低你的價值。總有一天，你會找到合適的環境，還有能夠認可你、懂得珍惜你的人。

\#

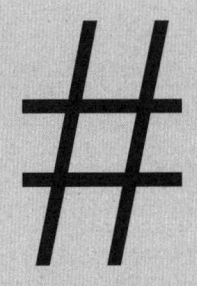

錯的人無法理解你的珍貴之處，
也不該成為你生命的一部分。

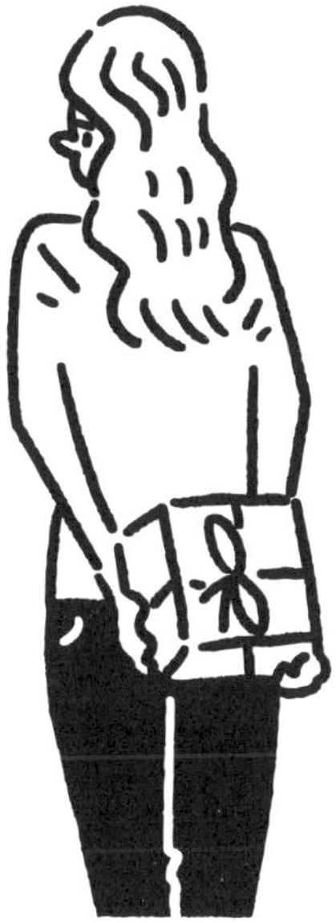

092

**置身低谷，
會讓你看清很多事情。**

When you're at your lowest, you realise a lot.

人在低潮的時候,反而能領悟最深刻的道理。你會在掙扎之中,發現內在的力量、韌性與清晰。擁抱這些低潮時刻,視之為成長與自我探索的機會。謹記你在低谷中學到的教訓,因為它們會引導你走向更燦爛的未來。

即使在最黑暗的時刻,也存在改變的可能。人生的最低處,往往能讓你獲得最深刻的領悟。

\#

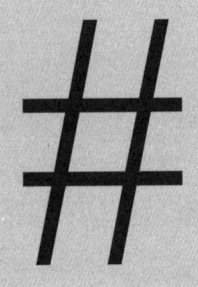

謹記你在低谷中學到的教訓，
因為它們會引導你走向更燦爛的未來。

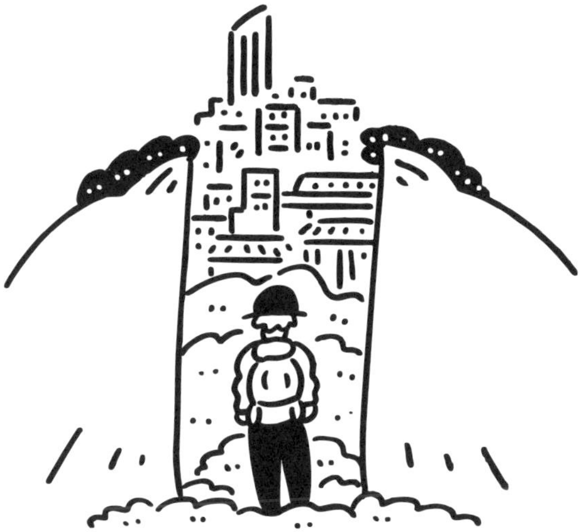

093

沉默比解釋更強大。

Silence is more powerful than proving your point.

在衝突或分歧中保持冷靜、沉著,是力量與智慧的展現,能讓你傾聽、思考,明智地選擇應對方法。並非每場爭執都需要你的回應。

運用沉默的藝術來維護你的尊嚴,讓真相不言而喻。有時,沉默比言語更有力,可以更有效地解決問題。

094

有時候,你最渴望的,
正是你最不該擁有的。

Sometimes the thing you want most
is the thing you're best off without.

一定要意識到：你最渴望的事物，很有可能並不是最適合你的。有時，欲望會讓我們走上錯誤的道路。仔細想想，你內心深處的渴望，是否真的能達成幸福和快樂？關鍵在於區分「我們以為自己需要的」以及「真正對我們有益的」。學會放下不必要的欲望，會讓生活更加豐富、平衡。

這樣的自我覺察，有助於個人成長與長久的滿足感。那麼，你可以放下什麼？

095

他們不是為了更好的人而離開你,
也不是為了更好看的人而離開你。
他們離開,只是因為另一個人更「省事」。

They don't leave you for someone better,
and they don't leave you for someone who's better looking.
They leave you for someone who's easier.

人們離開的原因有很多,並不一定是因為找到了「更好」或「更有吸引力」的人。有時,他們只是選擇了一條更簡單的道路。不要讓他們的選擇,定義你的價值。

把重心放在自己的成長與幸福。你值得和一個懂得珍惜你、願意努力經營關係的人在一起。那些想走得更輕鬆的人,未必適合你。你的價值遠遠超過「省事」。去尋找一段彼此都真誠且努力的關係吧!

096

嘿,你又過得太安逸了。
可別忘了上次的教訓啊。

You're getting too comfortable again.
Just remember what happened last time.

溫馨提醒：不要沉溺於現況。

回想過去你待在舒適圈的時候。成長和進步往往來自於「跳脫舒適圈」。擁抱變化與挑戰，避免停滯不前。記住，突破舒適圈，才有機會取得最大成就。繼續挑戰自己，尋求個人成長和新的機會。不要被對未知的恐懼阻擋；這條路將帶你通往更充實的生活。

097

是誰把你拉出人生低谷？

*Who is the person who saved you
when you were at your lowest?*

想想那些在你低潮時給予鼓勵的人。他們可能是朋友、家人，甚至是你自己。回想他們的支持和愛，然後記住，你擁有克服挑戰的力量。對曾經拯救過你的人心懷感激，這份感念會激發你的韌性，提醒你，即使在困難時刻，你也不孤單。讓自己置身於一個充滿支持性的網絡，並在需要的時候，成為自己的拯救者。在支持者的幫助下，你會擁有足夠的力量去克服逆境。

098

**療癒的一部分，
就是接受你永遠無法徹底理解某件事。**

Part of healing is accepting that you'll never fully understand it.

療癒的一部分，在於接受自己可能永遠無法理解過去或痛苦的事。沒有得到全部的答案也沒關係。把注意力放在當下，專注於你的治癒之旅。放棄徹底理解一切的欲望，因為有些事可能永遠都是謎。擁抱療癒、成長和自我探索的過程。記住，療癒並不需要完全的理解，而是需要自我憐憫、耐心和韌性。

099

提升自己,而不是證明自己。

Focus on improving yourself, not proving yourself.

把你的能量用於自我提升，而不是證明給別人看。當你專注於自己，你的技能、知識和幸福感都會提升。這種內在的進步不言而喻，會讓你自然贏得他人的尊重。

不要從別人的評價中尋求認可，要努力成為最好的自己。進步，是一條通往自我實現與成功的終生道路。

100

能讓你開心的事,
不用向別人解釋。

If it makes you happy, it doesn't have to make sense to anyone else.

做讓你快樂的事，不用在意別人懂不懂。你的幸福屬於你自己，獨一無二。相信你的直覺，相信會讓你感到充實與滿足的事物。不要讓別人的意見或評判，影響你邁向幸福的腳步。你沒有義務向任何人解釋或證明你的快樂泉源，只要它對你來說健康、正向，就盡情投入吧。

101

別再欺騙自己了。
真相才能讓你解脫。

Stop lying to yourself, and you'll unearth
the profound truths that will set you free.

有時，我們會透過淡化情況，或忽視不舒服的感覺來欺騙自己。我們說服自己，那不是什麼大問題，或者事情會奇蹟般地好轉。但在內心深處，你真的相信嗎？對自己絕對誠實，你會找到開啟潛能的鑰匙，帶你擁抱真實的自我，擁抱你的優點和缺點。

當你不再偽裝，開始面對真實的自己，你才會找到內在的平靜和幸福，成為最好版本的你。所以，別再騙自己。接受真實的你，打開通向豐富人生的大門。

致謝

《別再騙自己》能夠問世，要感謝很多厲害的人。例如我的妻子 Terri，沒有人比她更了解我了。謝謝妳在各個階段傾聽我、指引我，妳始終是我最堅強的後盾、最有耐心的聽眾、最強大的支持者。從構思、措辭，到成為一位出色的母親，妳的貢獻非常寶貴，在這本書的誕生過程發揮了關鍵作用。妳是我最好的朋友、粉絲、評論家，以及所有我需要的角色。妳的力量、智慧和堅定的信念，幫助我度過最艱難的時期。感謝妳在連我都懷疑自己的時候，始終相信我。

謝謝我優秀的孩子們，Reis、Kai、Danni、Frank和Dexter。感謝你們堅定的支持和愛。你們是我最大的成就，比任何作品還令我自豪。你們的存在，是我的快樂和靈感來源。我由衷感激你們在過程中給予我的愛、鼓勵和熱情，也希望我能夠激勵你們去實現自己的夢想。

衷心感謝我的岳母 Barbara 和岳父 Garry，謝謝你們的支持與鼓勵。你們對我的信任，在黑暗中為我指路，帶給我源源不絕的力量和靈感。感謝你們一直陪伴著我，不離不棄。

感謝我的編輯 Ru Merritt，有你的支持、耐心和善意，我才能將這些文字變成一本令人自豪的書。感謝企鵝出版集團的幕後推手 Abby Watson、Alice Brett、Morgana Chess、Catherine Ngwong 和 Jessica Anderson。

感謝 Giuseppe Zuccarello、Javier Guerra、Babu Chandarana 和 Andy Mardel。你們從一開始就為我打氣，在我迷惘時耐心傾聽，從不批判。

感謝親愛的朋友們，擁有你們是我的幸運。

感謝所有追蹤我的社群、幫我按讚和分享的人，很高興能共同建立一個友善、充滿支持和啟發的社群。希望這本書能讓你們不再孤單，並擁有面對生活的力量和工具。

愛大家，要保重喔。

西蒙·吉勒姆
Simon Gilham

國家圖書館出版品預行編目資料

別再騙自己：把日子過得更清醒的 101 個提示 / 西蒙·吉勒姆 (Simon Gilham) 著；七七譯. -- 臺北市：三采文化股份有限公司, 2025.09
-- Mind Map ; 296
譯自：Stop Lying to Yourself : 101 Hard Truths to Help You Change Your Life
ISBN 978-626-358-756-4 (平裝)

1.CST: 自我實現 2.CST: 生活指導

177.2　　　　　　　　　　　　　　　114009333

suncolor 三采文化

Mind Map 296

別再騙自己
把日子過得更清醒的 101 個提示

作者｜西蒙·吉勒姆（Simon Gilham）　　插畫｜Happieslin　　翻譯｜七七
編輯三部 總編輯｜喬郁珊　　責任編輯｜吳佳錡　　版權選書｜杜曉涵
美術主編｜藍秀婷　　封面設計｜方曉君　　內頁編排｜顏麟驊

發行人｜張輝明　　總編輯長｜曾雅青　　發行所｜三采文化股份有限公司
地址｜台北市內湖區瑞光路 513 巷 33 號 8 樓
傳訊｜TEL: (02) 8797-1234　　FAX: (02) 8797-1688　　網址｜www.suncolor.com.tw
郵政劃撥｜帳號：14319060　　戶名：三采文化股份有限公司
本版發行｜2025 年 9 月 5 日　　定價｜NT$420

Copyright © Simon Gilham, 2024
First published as STOP LYING TO YOURSELF: 101 HARD TRUTHS TO HELP YOU CHANGE YOUR LIFE in 2024 by Ebury Press, an imprint of Ebury. Ebury is part of the Penguin Random House group of companies.
No part of this book may be used or reproduced in any manner for the purpose of training artificial intelligence technologies or systems.
This work is reserved from text and data mining (Article 4(3) Directive (EU) 2019/790).
Simon Gilham has asserted his right to be identified as the author of this
Work in accordance with the Copyright, Designs and Patents Act 1988.
Complex Chinese edition © Sun Color Culture Co., Ltd., 2025
This edition arranged with Ebury through BIG APPLE AGENCY, INC. LABUAN, MALAYSIA.
All rights reserved.

著作權所有，本圖文非經同意不得轉載。如發現書頁有裝訂錯誤或污損事情，請寄至本公司調換。All rights reserved.
本書所刊載之商品文字或圖片僅為說明輔助之用，非做為商標之使用，原商品商標之智慧財產權為原權利人所有。

Stop Lying to Yourself

Stop Lying to Yourself